Isabelle

QUESTIONS 6/9 ans RÉPONSES

Les forêts

Nathan

Édition originale parue sous le titre
I Wonder why Pine Trees Have Needles
Première édition Kingfisher 2005
Auteur : Jackie Gaff

Édition française :
© Nathan 2005
Traduction : Ghislaine Tamisier
Responsable éditoriale : Véronique Herbold
avec la collaboration de Carole Hardouïn
et Dorothée Rothschild
Lecture-correction : Christiane Keukens
Mise en page : Véronique Sommeilly

Illustrations : Steve Caldwell 4, 5, 14–15 ;
Chris Forsey 24–25, 28–29, 30–31 ;
Elaine Gaffney 8, 8 en bas à gauche ;
Neil Reed 10, 11, 12–13 haut,
13 en bas à droite, 19 en haut à droite,
22 en haut à droite ; Peter Wilkes (SGA)
tous les dessins humoristiques.

N° d'éditeur : 10118587
ISBN : 2-09-250598-X
Dépôt légal : avril 2005

Imprimé à Taïwan

SOMMAIRE

Qu'est-ce qu'une forêt ?

Une forêt est une vaste étendue de terrain couverte d'arbres. D'autres végétaux plus petits comme les fleurs et les arbustes y poussent. Toutes sortes d'animaux y vivent.

- Dans une forêt de chênes, un seul arbre peut abriter jusqu'à 400 espèces animales, depuis les insectes et les araignées jusqu'aux oiseaux et aux écureuils.

Comment respire-t-on grâce aux forêts ?

Nous inspirons de l'oxygène et recrachons du gaz carbonique. Les arbres nous aident à respirer en faisant l'inverse : ils absorbent du gaz carbonique et libèrent de l'oxygène.

• En une seule année, une forêt de 400 arbres produit assez d'oxygène pour permettre à 20 personnes au moins de respirer.

Où les arbres sont-ils les plus hauts ?

Dans les forêts de conifères géants de Californie. Les séquoias y mesurent parfois plus de 75 m de hauteur, c'est-à-dire plus qu'un immeuble de 30 étages !

• Laissé à l'abandon, un champ peut se transformer en forêt. Les herbes laissent la place aux buissons et aux arbustes puis aux arbres.

Dans quel pays se trouve la plus grande forêt ?

Le nord de l'Asie, de l'Europe et de l'Amérique du Nord sont couverts d'immenses forêts de conifères. La plus grande de ces forêts boréales se trouve en Russie. Elle représente un cinquième de toutes les forêts de la planète.

• La forêt couvre environ un tiers des terres de notre planète.

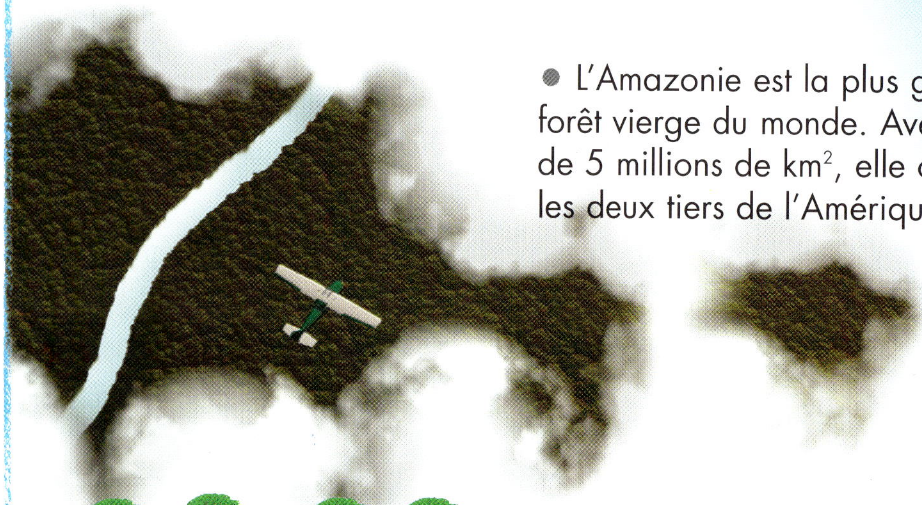

• L'Amazonie est la plus grande forêt vierge du monde. Avec plus de 5 millions de km^2, elle couvre les deux tiers de l'Amérique du Sud.

Forêts tropicales humides : chaudes, pluvieuses ; composées de feuillus persistants.

Forêts tropicales sèches : moins de pluies ; composées de feuillus persistants.

Forêts tempérées mixtes : composées de feuillus à feuillage caduc.

● Les forêts boréales de conifères, ou taïgas, que l'on trouve en Amérique du Nord, en Europe et en Asie couvrent près de 20 millions de km², soit près de deux fois la superficie de l'Europe !

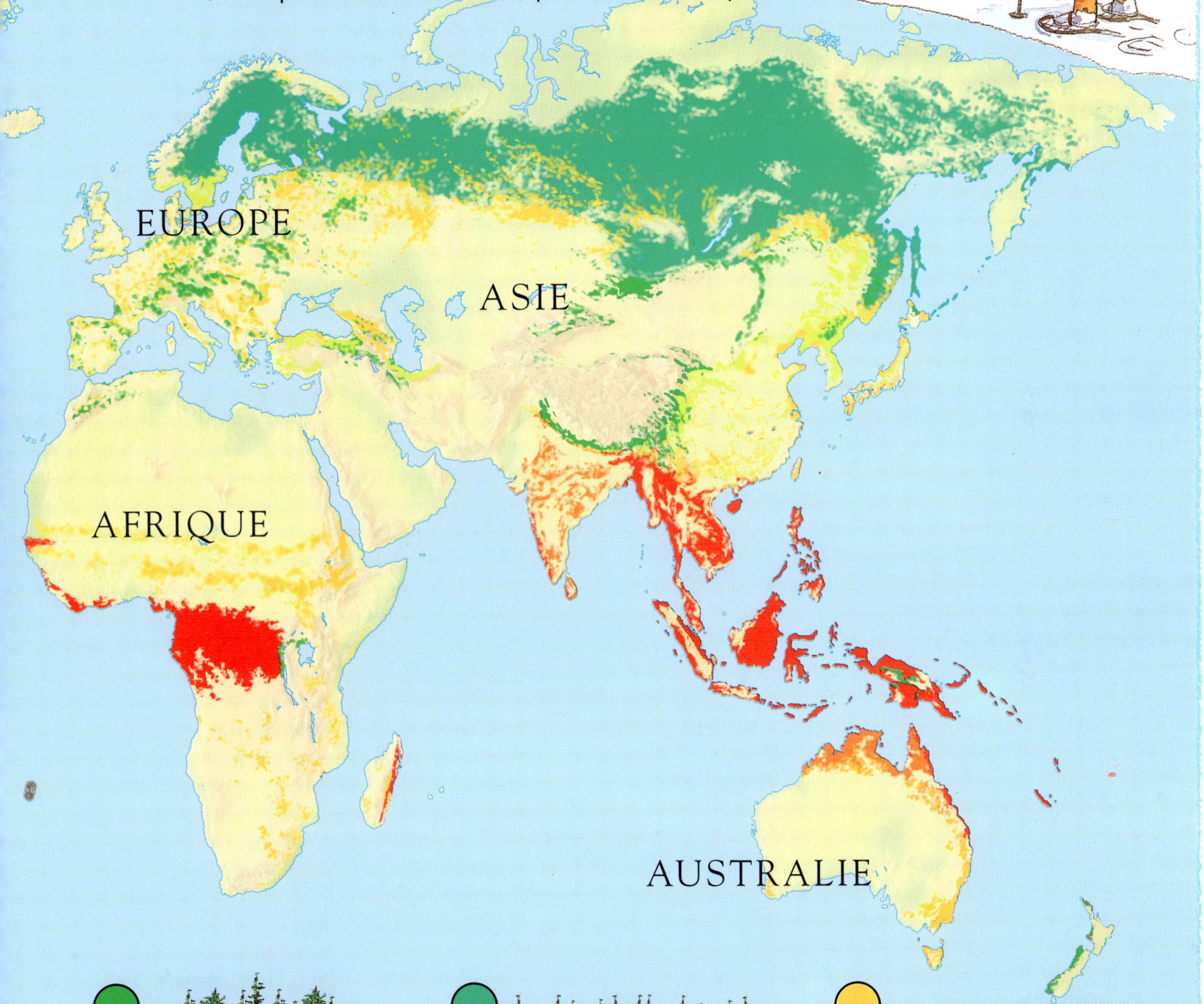

Forêts tempérées de conifères : résineux persistants, avec des arbres à feuillage caduc.

Forêts boréales : principalement composées de résineux ; étés frais et brefs, hivers longs et rudes.

Forêts de feuillus et forêts claires : avec des arbres plus espacés.

Qu'est-ce qu'une forêt de feuillus ?

C'est une forêt composée principalement de hêtres, d'érables, de chênes et autres arbres à feuilles planes et larges.

Pourquoi certains arbres perdent-ils leurs feuilles en automne ?

Les feuilles de la plupart des feuillus tombent à l'automne car toute la sève a été aspirée par ces arbres pour qu'ils puissent supporter ensuite le froid de l'hiver.

• Le feuillage de presque tous les feuillus est caduc, c'est-à-dire qu'il tombe en automne. En revanche, la plupart des conifères mais aussi certains feuillus, comme les eucalyptus dont se nourrissent les koalas, ne perdent pas leurs feuilles. On dit qu'ils ont un feuillage persistant.

Pourquoi les pins ont-ils des aiguilles ?

Comme les cèdres, les sapins, les mélèzes et les ifs, les pins sont des conifères, c'est-à-dire des arbres qui donnent des pommes ou cônes. S'ils ne perdent pas leurs feuilles en automne, c'est parce qu'ils ont des aiguilles coriaces qui supportent le froid et les intempéries.

• Si les plus petits cônes sont à peine plus gros que l'ongle d'un pouce, les plus gros sont plus longs qu'un bras !

• Le bec-croisé doit son nom à la forme particulière de son bec, qui lui permet d'atteindre les délicieuses graines qui se cachent dans les pommes de pin.

Pleut-il beaucoup dans les forêts tropicales ?

Oh ! oui, énormément ! Il y pleut presque tous les jours, et des orages éclatent environ 200 jours par an.

Pourquoi y compare-t-on les arbres à des parapluies ?

Le feuillage des arbres des forêts tropicales est si dense et si étendu qu'il empêche une grande partie de la pluie d'atteindre le sol. Il fait aussi écran à la lumière du soleil, de sorte que le sol est boueux et l'atmosphère sombre, humide et mystérieuse.

- La jungle est la partie la plus dense de la forêt tropicale. La végétation y est tellement compacte qu'on est obligé de se frayer un chemin à la machette.

• Le feuillage de la plupart des arbres d'une forêt tropicale forme la canopée, d'où dépasse la cime de quelques spécimens particulièrement hauts, les arbres émergents.

• La cime d'un arbre de la forêt tropicale peut être égale à un terrain de football.

• Les lianes s'enroulent autour des troncs et s'en servent de tuteurs pour chercher la lumière.

• Le sous-bois est la partie inférieure ombragée de la forêt tropicale.

• Des millions d'insectes vivent dans la pénombre de la forêt. C'est le cas notamment des fourmis guerrières qui dévorent presque tout sur leur passage.

Pourquoi les plantes poussent-elles en hauteur ?

La plupart des plantes des forêts tropicales poussent en hauteur, où elles ont davantage de lumière qu'au sol. On les appelle « épiphytes » car elles vivent sur les branches des grands arbres, sans aucun contact avec le sol.

• Certaines espèces de grenouilles arboricoles peuvent sauter d'un arbre à l'autre.

• Les dendrobates portent le nom de « grenouilles poison » car des tribus d'Indiens trempaient leurs flèches dans le venin que contient leur peau.

• Le colibri-abeille, qui mesure à peine 5 cm de long, est le plus petit oiseau du monde.

• Le scarabée Hercule est le plus gros du monde. Il est aussi long qu'une souris de la tête à la queue.

Quel est le plus grand papillon du monde ?

C'est le Reine Alexandra, qui vit dans les forêts tropicales de Papouasie-Nouvelle-Guinée. Plus gros que bien des oiseaux, il atteint 30 cm d'envergure !

Pourquoi appelle-t-on les colibris « oiseaux-mouches » ?

Parce que ces minuscules oiseaux qui se nourrissent du nectar des fleurs sont parfois à peine plus gros qu'une mouche. Ils peuvent voler sur place comme un hélicoptère.

Pourquoi le jaguar a-t-il une robe mouchetée ?

• Le jaguar est très malin. Pour attirer les poissons par exemple, il agite sa queue dans l'eau comme un pêcheur le fait avec sa ligne !

En se promenant dans une forêt épaisse, on remarque que la lumière du soleil filtrée par les arbres dessine des taches sur le sol. Avec son pelage tacheté, le jaguar passe inaperçu, et peut surprendre ses proies. Il chasse tous les animaux, depuis les cerfs et les sangliers jusqu'aux tortues et aux poissons.

Comment l'aye-aye chasse-t-il les insectes ?

• L'aye-aye repère les tunnels creusés par les insectes en tapotant les troncs d'arbre avec son majeur et en écoutant si ça sonne creux.

L'aye-aye, qui vit dans les forêts de bambous de l'île de Madagascar, a un doigt très long et très fin sur chacune de ses pattes avant. Il déniche son mets favori, les larves d'insectes, en plongeant la griffe de son majeur dans les trous des arbres.

• Avec son long nez tordu, le proboscis de l'île de Bornéo est l'un des singes à l'aspect le plus bizarre. Il vit dans les arbres à proximité des cours d'eau.

Le singe araignée tisse-t-il une toile ?

Non, il doit son nom à ses pattes et à sa queue longues et fines. Cet excellent grimpeur, qui utilise sa queue comme une main supplémentaire, vit dans la canopée des forêts tropicales.

• Les singes hurleurs sont les animaux les plus bruyants de la forêt tropicale. Ils crient pour défendre leur territoire. On peut les entendre à plusieurs kilomètres.

Qu'est-ce qu'une forêt de nuages ?

Ces magnifiques forêts très mystérieuses couvrent les pentes montagneuses des régions tropicales de la planète. De fins nuages se forment lorsque l'air chaud qui monte de la vallée s'approche de l'air plus frais des sommets. Ils restent ensuite accrochés à la cime des arbres ou flottent parmi les branches.

Quel arbre peut former une forêt à lui tout seul ?

C'est un arbre du sud de l'Asie, le banyan, qui a un mode de croissance inhabituel. En effet, les lianes qui pendent de ses branches s'enracinent lorsqu'elles touchent le sol, puis elles deviennent des troncs, forment de nouvelles branches, et ainsi de suite.

• Le plus gros banyan recouvre plus de 32 courts de tennis. C'est un spécimen des jardins botaniques de Kolkata (Calcutta) en Inde qui détient le record.

• Le gorille des montagnes vit dans les forêts de nuages d'Afrique. La nuit, il grimpe souvent dans les arbres pour se construire un nid douillet.

Où trouve-t-on des forêts « sur pilotis » ?

La mangrove est une forêt qui se développe sur des sols marécageux en bordure de mer ou dans des estuaires. Elle est caractérisée par les racines aériennes en forme d'échasses des palétuviers qui s'ancrent solidement dans la vase.

• La plupart des racines d'arbre prélèvent leur oxygène dans le sol, mais celles de la mangrove, qui ont du mal à en faire autant, le puisent dans l'air grâce à des racines en partie aériennes.

Quelles sont les forêts les plus froides ?

Avec leurs étés courts et leurs hivers longs et rudes, ce sont les forêts de l'extrême nord asiatique, européen et américain. Seuls des arbres très résistants y survivent, ainsi la forêt boréale est surtout composée de conifères.

• La forme triangulaire des conifères évite que la neige ne s'accumule sur les branches.

• Les loups mangent toutes sortes d'animaux. Ils préfèrent les plus gros, et le renne est un de leurs meilleurs dîners.

Pourquoi les rennes déblaient-ils la neige ?

Les rennes se nourrissent de végétaux et d'autres aliments difficiles à dénicher lorsque le sol est couvert de neige. Ils la déblaient donc avec leurs sabots pour trouver de la nourriture.

- Le renne d'Amérique du Nord porte le nom de caribou, ce qui signifie « pelleteur » en canadien.

Où vont les ours en hiver ?

Les ours de la forêt boréale échappent au froid hivernal en se réfugiant dans leur tanière. Ils passent alors leur temps à dormir, vivant sur les réserves de graisse qu'ils ont emmagasinées en été. On dit qu'ils hibernent.

- Les ratons laveurs hibernent aussi dans leur tanière.

Quelles forêts changent d'aspect à chaque saison ?

Ce sont les forêts de feuillus des régions tempérées. Nus en hiver, ces arbres se couvrent au printemps d'un nouveau manteau de feuilles vert tendre, tandis que crocus, jacinthes et autres fleurs tapissent le sol. En automne, leurs feuilles arborent de belles couleurs chaudes avant de tomber.

hiver printemps

Que fait le renard la nuit ?

Beaucoup d'animaux des bois sont nocturnes, c'est-à-dire qu'ils dorment le jour et sont actifs la nuit. C'est le cas du renard qui sort chasser à la tombée de la nuit et dévore toutes les petites bêtes qu'il peut se mettre sous la dent.

été automne

● Hiboux et chouettes chassent la nuit. Si la plupart des espèces ont une bonne vision nocturne, d'autres ont une ouïe très développée qui leur permet de repérer leurs proies au bruissement de leur course.

Le pivert est-il vert ?

Oui, avec une calotte rouge. Le plus grand des pics tambourine sur les troncs d'arbre avec son bec puissant afin d'y attraper des insectes avec sa longue langue ou d'y creuser son nid.

● Le blaireau d'Europe est lui aussi un animal nocturne. Il est très fier de son terrier, qu'il nettoie souvent, renouvelant sa litière avec des feuilles et de l'herbe fraîches.

● Les muscles de la tête du pivert sont des amortisseurs qui le protègent des chocs que provoque son tambourinage.

Où vivent les koalas ?

Les koalas sont difficiles : ils se nourrissent exclusivement de feuilles et de jeunes pousses d'eucalyptus. À l'état sauvage, on ne les trouve qu'en Australie dans les forêts d'eucalyptus.

- Les jeunes animaux des bois australiens comme les opossums (ci-dessus) et les koalas (ci-dessous) vivent leurs premiers jours dans la poche ventrale de leur mère, puis ils se laissent confortablement transporter sur son dos.

- Les koalas puisent l'eau dont ils ont besoin dans leur nourriture et boivent rarement. Leur nom vient d'ailleurs d'un mot aborigène signifiant « qui ne boit pas ».

- Le dernier endroit où l'on s'attend à voir un kangourou, c'est dans un arbre. C'est pourtant là que le kangourou arboricole passe la plupart de son temps !

Quel est le plus gros oiseau des forêts ?

C'est le casoar, un oiseau timide qui se cache dans les épais sous-bois d'Australie et de Nouvelle-Guinée. L'espèce la plus grosse atteint 1,70 m de hauteur, la taille d'un homme adulte ! Si le casoar est incapable de voler, il court et sait aussi nager.

- Le kiwi de Nouvelle-Zélande ne sait pas voler non plus. C'est aussi le seul oiseau pourvu de narines à l'extrémité de son bec.

Qui vit dans la jungle ?

De nombreuses tribus vivent dans les forêts tropicales de notre planète. La plupart de ces peuples construisent leurs maisons dans des clairières où ils aménagent des potagers. Cependant, la terre des forêts tropicales n'est pas assez riche pour donner des légumes d'une année sur l'autre. Aussi, au bout de quelque temps, les habitants doivent partir s'installer dans une autre clairière.

• La forêt fournit à ses habitants tout ce dont ils ont besoin : la nourriture, les vêtements et les médicaments.

• Les Yanomamis vivent dans le nord-ouest de l'Amazonie. Plusieurs familles cohabitent dans une même maison ronde appelée « shabono ».

Y a-t-il des écoles dans la forêt tropicale ?

Les enfants des tribus indiennes vont peu à l'école. Leurs parents leur enseignent surtout la vie dans la forêt : chasser, pêcher, reconnaître les plantes bonnes à manger ou dotées de vertus médicinales.

● Dans le nord de la Scandinavie, les Samis vivent de chasse, de pêche et de l'élevage des rennes.

La forêt boréale est-elle habitée ?

Oui, des tribus vivent dans les grandes forêts de conifères d'Amérique du Nord, d'Europe et d'Asie. Au Canada, les Crees des bois vivent dans la forêt et chassent le caribou et l'orignal.

À quoi ressemblaient les premières forêts ?

Elles ont poussé il y a 350 millions d'années. Elles étaient composées de végétaux aussi grands que des arbres comme les roseaux ou les fougères.

• D'immenses insectes vivaient dans ces forêts, dont des libellules de la taille d'un oiseau !

• Les végétaux atteignaient parfois 30 mètres de haut.

Quels dinosaures vivaient dans les forêts de conifères ?

À l'époque des dinosaures, il y avait déjà des forêts de conifères. Seules les plus grosses espèces, comme l'iguanodon, étaient assez grandes pour se nourrir de feuilles de conifères.

- Les plantes des forêts préhistoriques ont été enfouies sous des couches de boue. Pendant des millions d'années, ces végétaux ont été écrasés et comprimés, et ils se sont transformés en charbon.

- On trouve des insectes préhistoriques pris dans l'ambre, de la résine de pin fossilisée. Les fossiles sont les vestiges minéraux des anciennes formes de vie.

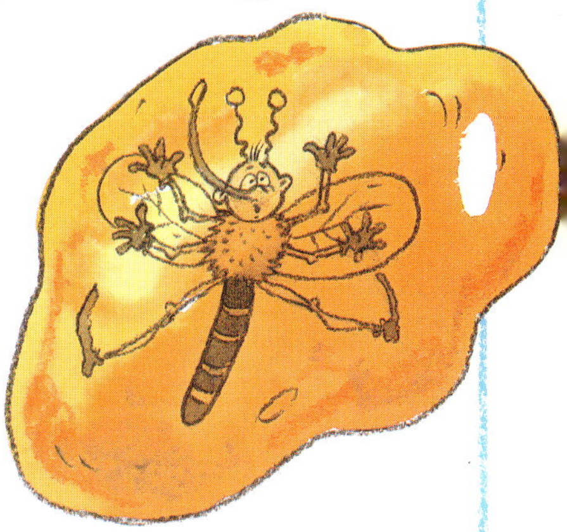

Quel arbre a survécu aux dinosaures ?

L'*Araucaria araucaria* ou désespoir-des-singes dont la forme des branches ressemble à la queue d'un singe « triste ».

En quoi la forêt est-elle utile aux médecins ?

Les habitants de la forêt tropicale savent depuis longtemps comment soigner les maladies avec des plantes. L'essence d'eucalyptus, par exemple, sert à fabriquer des médicaments contre la toux, tandis que la pervenche de Madagascar est utilisée pour traiter le cancer.

• Environ un quart des médicaments utilisés aujourd'hui sont obtenus à partir de plantes de la forêt tropicale.

Quels aliments la jungle produit-elle ?

L'avocat, la banane, la mangue, le maïs, le fruit de la Passion, l'ananas et la patate douce viennent tous de la forêt tropicale. On y trouve aussi le cacaoyer pour la fabrication du chocolat !

Où poussent les arbres à chewing-gum ?

Il y a plus de 1000 ans, les Mayas, un peuple d'Amérique centrale, ont fait une drôle de découverte à propos du sapotillier, un arbre de la forêt tropicale : ils pouvaient mâchouiller sa gomme laiteuse pendant des heures ! Aujourd'hui encore, cette sève sert à fabriquer des chewing-gums.

- C'est dans la jungle américaine que l'on a découvert le caoutchouc, obtenu à partir de la sève d'hévéa. Quand les explorateurs ont vus les Indiens se fabriquer des « chaussures » en s'enduisant la plante des pieds avec cette sève, ils n'en ont pas cru leurs yeux !

Pourquoi abat-on des arbres ?

Depuis la nuit des temps, les hommes abattent des arbres pour se procurer du bois. Ils déboisent aussi pour l'agriculture et l'élevage, ou pour construire des villes.

• Le bois sert à fabriquer des meubles et des maisons, mais aussi du papier, du plastique, du savon, et bien d'autres choses encore.

La forêt est-elle en danger ?

Oui, car trop d'arbres sont détruits. Les forêts tropicales humides sont menacées : près de 200 000 km^2 de jungle disparaissent chaque année, soit l'équivalent d'environ un tiers de la France.

Que fait-on pour sauver la forêt ?

Spécialistes et actifs défenseurs de la nature s'efforcent de conserver la faune et la flore sauvages. Avec l'aide de certains gouvernements, ils essaient de ralentir la destruction des forêts et d'en planter de nouvelles.

- Le tigre est l'une des nombreuses espèces animales menacées d'extinction parce que son habitat est en train de disparaître.

- Certaines forêts sont classées « réserves naturelles », « parcs nationaux » ou « régionaux ». Les arbres y sont protégés, on ne peut les abattre.

- Chaque année, de nombreux arbres sont plantés en France pour repeupler les forêts.

Index